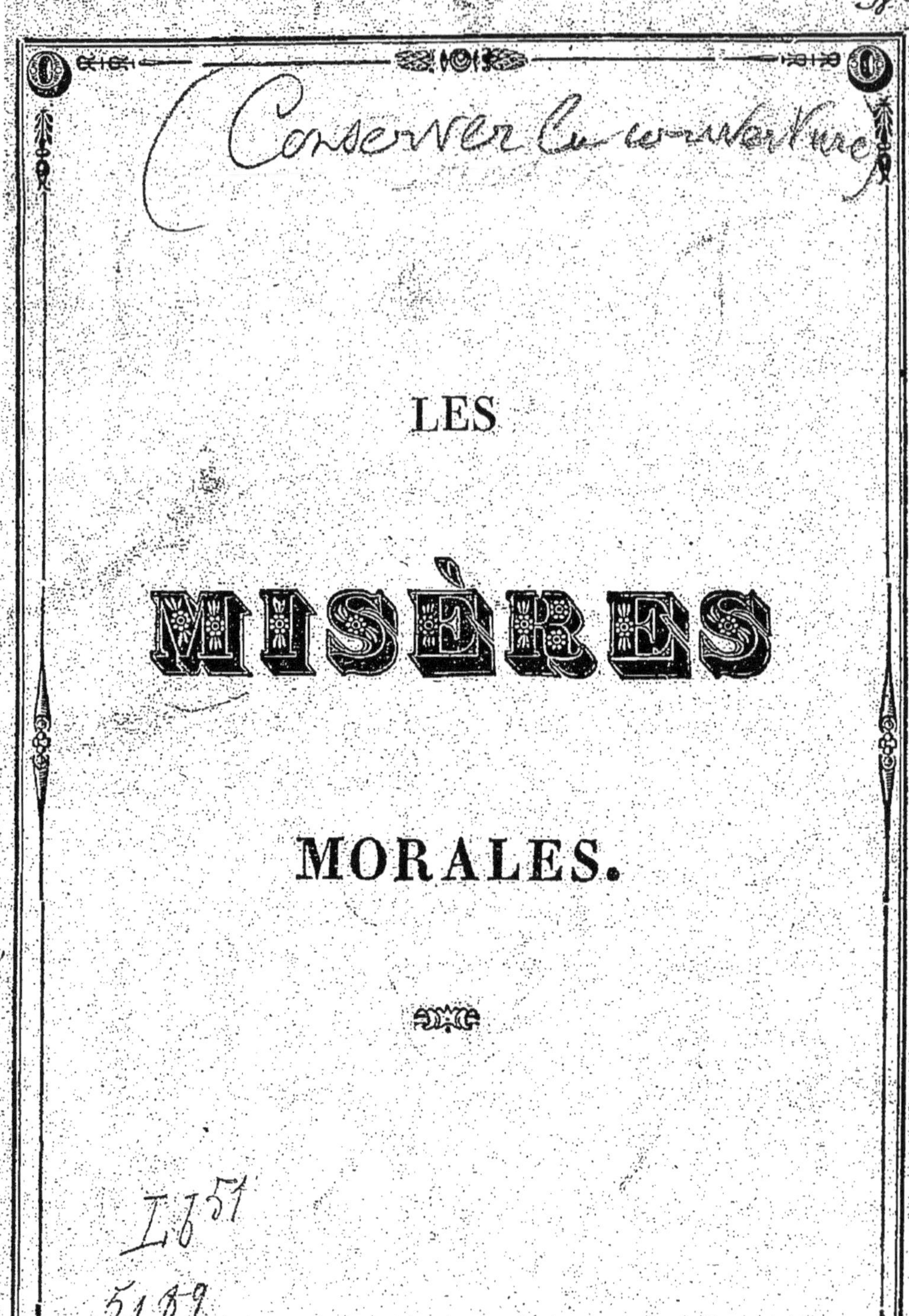

LES

MISÈRES

MORALES.

LES MISÈRES
MORALES.

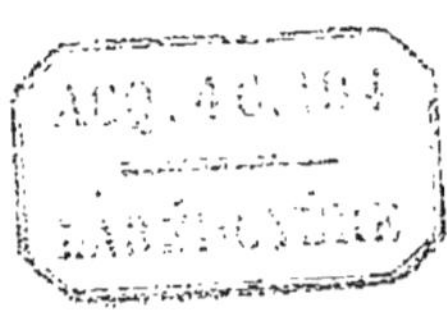

DOUAI.—Imprimerie d'ANDRÉ VINOIS.

QUATRIÈME LETTRE.

LES MISÈRES MORALES.

À TOUT LE MONDE !

Dans mon *P. S.* du 2 septembre dernier, j'annon-
çais la présente lettre , non plus aux habitans de
Courrières , mais à chacun en particulier. Comme
c'est encore un miroir que *je donne pour rien*, je
suis sûr, à l'avance , d'avoir de nouveau bon nombre de lecteurs et de recevoir l'approbation de tous
les gens de bien. N'étant pas exigeant , j'aurai atteint
mon but , si je puis diminuer un peu le crédit de
tous nos charlatans, empêcher quelques dupes de
tomber dans le panneau et ramener quelques personnes à la charité. J'avais en réserve depuis assez
de temps les vérités qui vont suivre , lesquelles veulent absolument aller aujourd'hui à leur adresse ,
prétendant que :

Être indulgent pour l'erreur , pour le vice ,

C'est l'approuver, c'est s'en rendre complice.

Je vais laisser nos autorités et notre conseil municipal tranquilles pendant quelques mois ; j'attendrai
que leurs sottises se soient accumulées pour les signaler. Les faits récents que j'ai publiés sont main-

tenant soumis à l'appréciation de l'autorité supérieure ; je veux voir si cette dernière, en qui j'ai encore une demi-confiance, approuvera ou refusera. Mais, pourra-t-on dire, pourquoi troubler la quiétude de gens paisibles, vous présenter comme réformateur des torts, respectez donc les majorités, fussent-elles composées d'imbécilles, et laissez chacun rouler sa bosse comme il lui convient.—Oui, pourvu qu'on ne nuise à personne.—Franchement, nous pensons que, de même qu'une infinité d'individus, vous avez vos vues, nous cachez le véritable motif, c'est-à-dire votre intérêt, une ambition rentrée qui veut absolument se faire jour.—Je l'ai dit, j'use du droit que me donne la charte de publier mon opinion. Quant à me donner la prétention de redresser ce qui est tortu, bossu, au physique comme au moral, doit mourir tel, c'est assurément une folie qui ne m'est jamais passée par la tête. J'ai travaillé pendant douze ans avec ardeur à l'éducation de l'enfance, j'en ai obtenu d'assez bons résultats ; mais, pour ce qui a atteint sa maturité, est vieux, je me contente de lui indiquer ses défauts et de lui prouver que s'il est malheureux, c'est de sa faute. *Qui mal fait, mal lui arrive ;* car telle est en peu de mots la morale universelle. Quoiqu'on me le cache, je ne sais pas moins apprécier l'avantage que ma franchise me donne. D'abord, *j'ai le courage* de faire remarquer les bonnes qualités de chacun, de publier le bien, vint-il de mon ennemi, ce que beaucoup de monde dissimule soigneusement. Sans doute, le mérite n'est pas grand, parce que mon cœur éprouve de la joie à faire de pareilles remarques et qu'il souffre en signalant les défauts, le mal. Ensuite, m'étant jusqu'ici beaucoup occupé des intérêts des autres et peu des miens, j'y vois plus clair dès qu'il s'agit de défendre l'intérêt général. De plus, chacun voulant cacher les bévues, les friponneries de son état, moi qui n'ai aucune profession, je puis donc parler librement sur tout. Pour mon ambition, je ne l'ai jamais cachée, elle ne fait que croître et embellir, son but est connu, c'est de travailler au bonheur de mes semblables selon mes moyens. J'ai eu toutes les places que je pouvais désirer à la campagne et je les ai abandonnées dès que j'ai vu que je ne pouvais plus les faire servir au bien. Il n'y a rien ni personne dans le pays à qui je porte envie. La position que mon travail, une conduite probe m'a faite, ma part d'air, ma place au soleil, mes droits de citoyen français, d'être pensant, raisonnable, ma réputation, voilà mes éléments de bonheur que je suis disposé à défendre envers et contre tout et que je respecte chez les autres. Je suis si content du sort que Dieu m'a donné, que je ne voudrais même pas changer de place avec un roi constitutionnel, attendu que je suis certainement beaucoup plus libre que lui. Cependant, que de cent mille personnes en France peuvent être plus heureuses que moi!!! Et puis, j'ai trôné pendant un jour, je sais ce qu'il en coûte, surtout, comme dit M. Guizot, que le gouvernement des esprits est aujourd'hui si difficile. J'ai, néanmoins, d'excellents souvenirs; car j'ai reçu les acclamations de 12,000 citoyens, et jamais roi de Monaco n'avait été si puissant que je le fus ce jour-là. Le 16 mai 1841, fut vraiment une journée singulière pour moi, je fis mentir le fameux proverbe, montrai un cortège unique dans un village de France, et descendis du trône de ma libre volonté. Je demeurai toutefois convaincu de cette célèbre vérité de Mirabeau, « qu'il n'y a « qu'un pas du Capitole à la roche Tarpéienne », parce que, si malheureusement je ne réussissais pas, je restais voué pour toute ma vie au ridicule et j'aurais dû quitter le pays. Je me suis même donné la douce satisfaction, pendant mon règne éphémère, de transformer de modestes concitoyens en Barons, Comtes, Marquis, Ducs, Princes, dont quelques-uns (les ingrats !) ne tardèrent pas à me trahir, se révolter au nom de la Liberté (que pas un ne comprend) au point de s'ériger en Danton, Robespierre, Marat, Couthon, St.-Just, etc., et qu'il s'en fallut peu qu'ils me traitassent comme le pauvre Louis XVI. Heureusement, je sus dévoiler leurs trames, leurs intrigues, et prouver à toute la population qu'ils étaient indignes de confiance et d'estime. Depuis, ils se sont formés en convention non-communale et l'on connaît leurs actes. Voici comment se passent leurs Séances :

Ils vont étourdissant les simples et les sots,

Font de leur ignorance un bruit à mille échos.

Maintenant, dégoûté de la royauté *de commande,* mais toujours très-attaché à l'indépendance, la vérité, la vertu, je dois encore avouer que jamais l'amour n'a quitté mon cœur, que la haine s'y loge parfois pour en sortir peu de temps après, tandis que le mépris pour toute fausseté, les tours à la Robert-Macaire, ne cesse de s'y fixer. Pourquoi haïr mes ennemis, ne souffrent-ils pas plus que moi ?—Il y a, à présent, si peu de constance dans les caractères, si peu de bonne foi, que je ne sais souvent où m'adresser pour prendre mes inspirations. Je conviens aussi que, de mon côté, je manque quelquefois de fixité. Par exemple, lorsqu'il m'arrive d'être trompé de la bonne façon, de remarquer une action *atroce*, je manifeste mon indignation, veux me transformer en misantrope, me retirer dans les bois; mais, le lendemain, *mon amour* me fait tout oublier, et je continue à m'occuper du bonheur de mes frères indignes.

—Assez parlé de moi, parlons des autres.

Je suis d'opinion que l'enfant apporte en naissant l'instinct du bien et du vrai; mais que les conditions sociales, loin d'encourager ses tendances natives, les tournent au mal. Il faut un contre-poids à ce mal et ce contre-poids, ce point d'appui, c'est l'éducation qui le donne. Elle seule peut apprendre à l'homme à maîtriser ses passions par l'empire de la raison, ou, pour parler un langage plus scientifique, en développant les passions supérieures, elle absorbe en elles les passions inférieures.

Voyons d'abord l'indigent et apprécions de quelle manière la société accomplit le devoir de l'éducation envers lui.

Au seuil de la vie, il souffre du froid et de la faim; mais ses cris se perdent dans l'isolement que la misère fait autour de lui, ou sont étouffés par de brutales caresses : aussi de bonne heure son cœur s'endurcit sous les mauvais traitements de son père ou de ses frères irrités de ses plaintes. En grandissant, il assiste aux désordres de ses parents et à leurs grossières querelles. Abandonné dans les rues, il y puise des goûts de vagabondage et des habitudes d'oisiveté ; à toute heure, la dépravation s'insinue dans son âme par les propos ignobles et les mauvais exemples de la place publique. C'était pour obvier à cet état de choses que nous avions établi notre salle d'asile, afin de soustraire l'enfance à la mauvaise influence des parents , et qu'une méchante coterie a supprimée. Quand , plus tard , elle va à l'école, ses habitudes , bonnes ou mauvaises , sont invétérées et ne peuvent plus être déracinées. « A cet âge si « tendre , (de 2 à 7 ans) dit Lord Brougham, il n'y « a pas d'enfant, fut-il de la capacité la plus ordi- « naire , qui n'apprenne plus et qui n'acquière une « masse de connaissances plus considérables et de « connaissances plus utiles, que le plus grand philo- « sophe ne le puisse faire dans la vie la plus longue « et après les plus heureuses recherches , fut-il un « Laplace ou un Newton, et vécut-il 80 ans. » –On sait qu'au village on ne prend aucune précaution devant les enfants et qu'on y appelle les choses par leur nom. Les conversations de l'atelier sont encore moins édifiantes. Quant aux femmes , nul n'ignore que les manufac- tures sont pour elles d'abominables écoles d'immo- ralité. Quel merveilleux bonheur si les intincts honnêtes de l'enfant résistent à la conjuration de tant d'ennemis ! et dans le nombre nous n'avons compté que les conditions ordinaires qui l'entourent. Qu'est-ce donc lorsqu'il est privé même de cet assou- plissement à la discipline sociale qui se prend dans la discipline de l'école , et en constitue l'avantage le plus net ! Lorsqu'il est dressé au vol ou à la débauche par ses parents mêmes ! Lorsqu'il a le malheur de naître dans une famille déjà flétrie...

— Presque toujours, l'enfant est obligé de travailler avant l'âge. Pour être lucratif, ce travail doit être exclusif et continu, ce qui alors le prive d'éducation intellectuelle et de développement physique. Cette atrophie porte principalement sur l'esprit comme dans l'agriculture , ou sur le corps comme dans l'industrie.

Que l'on joigne à cela la misère, les vices qui font chaque jour de nouveaux progrès, l'indifférence pour l'instruction, et l'on ne sera plus étonné de la crasse ignorance qui existe encore partout et de la dégénérescence qui va tellement croissante que bientôt on ne trouvera plus de soldats pour défendre la patrie. —La religion du jour n'est trop souvent qu'un vernis qui cache les mauvaises actions et qui jette dans la société une foule d'hypocrites pour lesquels la morale évangélique est sans application.—En général, l'éducation ne se fait que dans l'intelligence et c'est dans le cœur qu'il faudrait la faire.—Les femmes ne sachant bien que ce que le cœur leur apprend, ce serait surtout elles qu'il faudrait instruire; car leur influence est encore immense sur les mœurs, puisque ce sont elles qui les font. Une fois intruites, devenues mères, elles sauraient donner l'impulsion à leurs enfants. Il ne faut jamais oublier que si la société a placé l'instruction de la jeunesse dans les écoles, la nature a placé la moralité des peuples dans la famille. Libres ou soumises, les femmes règnent, parce qu'elles tiennent leur pouvoir de nos passions. Elles nous font ce qu'elles sont. Il n'y a que le vice, le désordre, l'extrême misère, tout ce qui flétrit ou déshonore, qui soit incompatible avec le devoir sacré de cultiver elles-mêmes l'âme de leurs enfants. Instruire sans inspirer, c'est stériliser. Les paroles glissent sur les sens, les exemples seuls se gravent profondément dans le souvenir. Jamais les bons exemples n'ont été si rares que de nos jours. L'éducation de l'intelligence consiste dans le nombre des idées acquises. L'éducation morale, dans le résultat des impressions reçues. Aussi, quelle pitoyable éducation les enfants reçoivent au village ! Autrefois, quand la morale religieuse y était généralement mise en pratique, que la famille était unie, on n'avait d'ordinaire que des mères douces, patientes, foncièrement attachées à leurs devoirs, enfin telles que les fait la Religion. Mais, depuis que l'intérêt matériel s'est emparé de tous les cœurs, que la Religion ne les touche plus que la superficie; que l'amour de l'argent, du luxe, fait oublier à chaque instant les lois de la conscience; que l'instruction religieuse semble se borner à bredouiller, en perroquet, du catéchisme pour la première Communion (que l'on s'empresse d'oublier de suite pour courir à la danse); que les exceptions savent tout uniment un peu lire, écrire, calculer, alors que tout le reste vit dans une crasse ignorance, nous n'avons généralement que des femmes irascibles, grossières, sans douceur ni complaisance, médisantes, tracassières, reprenant leurs enfants de manière à endurcir leurs cœurs, sans discernement, avec colère, caprice, les frappant à tort et à travers et ne répondant trop souvent à leurs questions naïves, leurs innocentes caresses, que par une sottise ou des coups. Quant aux hommes, beaucoup sont des espèces de bêtes brutes qui traitent leurs femmes comme des bêtes de somme. Les traiteraient-ils ainsi si les femmes avaient sur eux l'avantage d'un peu d'instruction ? Et les femmes consentiraient-elles à leur avilissement si elles avaient un peu plus de lumières ? Le meilleur moyen d'adoucir la brutalité d'un sexe, est de donner de la délicatesse à l'autre : après quoi on peut laisser agir la jeunesse et l'amour, ils parferont le prodige. Jamais l'instruction ne jettera de profondes racines dans les campagnes, si elle n'arrive aux enfants par les mères et aux hommes par les femmes. Ce résultat, j'étais certain de l'obtenir, si nous avions eu un conseil municipal moins ignorant, plus pénétré de ses devoirs, et un prêtre ami de l'instruction et sensible au sort des malheureux. Si Dieu m'avait donné une fortune convenable, j'aurais eu bientôt tranché toutes les difficultés, parce que j'aurais tout pris à ma charge. Je ne demandais que dix ans pour opérer un très grand changement. Notre bon Courrières était peut-être la Commune la plus convenable pour tenter un pareil essai. C'est réellement un malheur que je n'ai pu réussir ; car, bientôt, il ne sera plus possible de trouver la moindre place sans savoir lire, écrire, calculer. Lorsqu'on ne trouve plus les ressources nécessaires dans son village ne faut-il pas chercher ailleurs ? —Notre terroir suffit à peine à la moitié de sa population ; les propriétaires veulent recevoir le dernier sol du pauvre cultivateur ; les charges augmentent chaque année ; on est dépourvu d'argent pour acheter les engrais nécessaires et nettoyer les terres ; on est forcé de donner ses denrées à vil prix, vu la concurrence étrangère ; souvent le travail manque et le pain aussi ; n'en voilà-t-il pas assez pour démontrer la nécessité de l'instruction afin d'être à même d'aller vivre autre part. Jusqu'ici, presque tous ceux qui ont quitté Courrières ont trouvé une position supérieure à celle qu'ils occupaient précédemment et envoient de temps en temps de l'argent à leurs parents. Ce furent surtout deux méchantes bêtes, qu'on appelle Envie et Jalousie, qui font tant de mal partout aujourd'hui, qui s'opposèrent au bien que nous voulions réaliser. L'Envie, ce monstre qui dessèche le cœur ; —la Jalousie, ce

monstre tout vêtu de poignards qui le déchirent en dé-
chirant les autres ; la Jalousie qui fut mise au monde
par Satan tombé du ciel en enfer parce qu'il était
jaloux , afin d'empêcher les hommes d'être heureux
par l'amour.

Je l'ai dit , l'égoïsme , la passion de l'or , tels sont
de nos jours les principaux éléments de toute action.
Une infinité de gens affichent de beaux principes que
le moindre intérêt fait évanouir un instant après.
Jugeons par les actions et non par les paroles , si
nous voulons ne pas être trompés. Le génie de l'idiot
est au milieu d'une pièce d'or ou d'argent. Aussi ,
l'amour pour ces métaux fait-il tourner l'esprit français à l'idiotisme. Il semble que le bourgeois prosaïsme
de notre commerciale époque , l'égoïsme mesquin de
la plupart de nos gouvernants qui , pour régner ,
sont réduits à ruser avec le pays , à l'enchaîner et à
le baillonner avec les liens fangeux de la corruption ;
(1) que cette comédie de bassesse et d'ignominie ,
dont l'expression la plus sublime est Robert-Macaire ,
repoussent les hommes de cœur que la fange dé-
goûte et les force à reculer jusqu'à ces beaux temps
d'honneur et de gloire , d'actions grandioses , qui
jettent dans l'âme un feu inconnu , à la vue des-
quelles on ne peut s'empêcher de s'écrier , dans les
transports de son enthousiasme : *Qu'on est heureux
d'être français !* absolument comme tant d'indus-
triels de nos jours , de matérialisme impur , où l'or
est le dieu suprême , à la vue des prodiges de l'in-

---

(1) Sans mœurs point d'état libre et point de mo-
narchie ,
La liberté sans mœurs enfante l'anarchie.
MOLLEVAUT.

dustrie anglaise, s'écrient du fond de leur cœur, sali par le hideux calcul : *Qu'on est heureux d'être anglais !* (1) — On dirait, hélas ! que les peuples comme les plus simples villages, de tous temps et de tous les pays, sont incorrigibles. Délivrez-les d'un homme qu'ils abhorrent, et ils se laissent surprendre de nouveau par un homme non moins odieux. C'est surtout l'ignorance qui est cause de leur malheur. « *Donnez-moi, disait Fontenelle,* « *une demi-douzaine de personnes à qui je puisse* « *persuader que ce n'est pas le soleil qui fait le* « *jour, et je ne désespère pas que des nations en-* « *tières n'embrassent cette opinion.* » Vous arrive-t-il également, par amour pour la vérité, de dire les choses telles qu'elles sont, vous êtes certain d'avoir pour ennemis tous ceux qui ont intérêt qu'on les voie comme il leur convient. Il est pénible de le dire, à toutes les époques, il a été facile de gouverner les hommes par leurs vices; mais difficile de les conduire par leurs vertus. Cependant, je le demande, quel avantage d'avoir pour soi les êtres les plus vils, dont le règne n'a qu'un temps, parce que tout l'ébranle ; et d'avoir contre soi le bon sens, les lumières et la bonne foi, dont chaque nouvelle circonstance avance l'autorité, et dont le règne est le plus inébranlable, parce qu'il est fondé sur l'intérêt du plus grand nombre ? — C'est déplorable, on est réellement parvenu à détruire en France le sentiment si précieux d'honnêteté de conscience ; on a fait couler dans les veines du corps social le venin de

____

(1) Les victoires récentes de notre marine et de notre armée ont ranimé le feu sacré et nous consolent un peu des lâches concessions.

la corruption; on a habitué les oreilles au mensonge, on a joué avec la bonne foi publique, avec l'honneur, avec la sainteté des serments. Il faudra une régénération complète pour rendre au peuple cette simplicité de cœur, cette vieille probité, cette droiture de conscience, ce chaud enthousiasme, qui, naguères, lui firent prendre en dégoût les saturnales de la régence et qu'enfantèrent les prodiges de notre grande révolution. Ensuite, quelle éducation donne-t-on au pauvre peuple? Quel souci prend-on, surtout dans nos campagnes, de ses mœurs, de sa dignité? Ah ! l'on se félicite bien plutôt de ses vices grossiers ! On s'arrange bien mieux en le laissant de plus en plus s'enfoncer dans les ordures de sa mauvaise vie, dans les débordements de passions honteuses où il est si facile de le fouler aux pieds ! Et l'on s'étonne après de l'excès de ces passions ?—Le véritable moraliste est celui qui s'attache à perfectionner son espèce et ne travaille pas contre nature.

« Voulez-vous connaître le degré de philosophie des « personnes avec lesquelles vous êtes en rapport de « société, dit J.-B. Say, examinez quels nombres « de sujets peuvent fournir matière à vos conver- « sations avec elles. Plus ces sujets seront nombreux, « plus ces personnes auront de philosophie, d'amour « du vrai. En effet, les préjugés, qui sont des opi- « nions acquises, non par suite des observations, « des raisonnements que nous avons faits, mais de « confiance et sur l'autorité d'autrui; n'admettent « point de discussions ; tandis que les opinions rai- « sonnées peuvent toujours être modifiées par de « nouvelles lumières acquises. » Aussi, il faut voir comme tous les charlatans savent exploiter cette mine

féconde qu'on appelle préjugés et où l'ignorance joue
le rôle de dupe. Chacun vante sa drogue et traite
de poison celle de son adversaire. Il y a des préjugés
en tout. Que d'hypocrites se jouent encore jour-
nellement de la bonne foi, de l'impéritie de leurs
semblables? On peut parfois faire voir clair à quelques-uns de ceux-ci; mais pour ceux-là il faut renon-
cer à toute amélioration. Tous les vices ouvrent la
porte au repentir, hormis l'hypocrisie. Si l'hypocrite
se repent, c'est de n'avoir pas assez bien joué son
rôle, de n'avoir pas été assez hypocrite. On ne cor-
rige pas les tartufes en les signalant, ainsi que j'en
ai acquis la preuve plusieurs fois (et nous en avons
aujourd'hui de bien des genres), mais on diminue le
nombre des Orgons. Les fourbes disparaissent comme
toute espèce de vermine, faute d'aliment. Le mal
n'est pas de divulguer nos faiblesses, mais d'en éprou-
ver les funestes effets. Travaillons les causes, et l'effet
suivra. Cependant (pour notre repos), il faudrait
posséder la vérité et n'en rien dire. Je demanderais
alors à quoi l'homme serait bon ?

On le sait, sous notre gouvernement constitutionnel, chacun peut prétendre à une place, ne fût-ce
que conseiller municipal et fut-il la plus franche bête
ou le plus dévergondé de l'endroit. Les électeurs sont
si indulgents, si bons enfants ! il suffit de leur payer
pour trois francs de bière pour qu'aussitôt ils fassent
de vous *un magistrat*. C'est ici comme en tout.—
Adressez-vous au premier imbécile venu ; il vous par-
lera administration, politique, comme un préfet. Je
conviens qu'il peut avoir de lui cette bonne opinion
par ce qui se passe sans cesse sous ses yeux. Figaro
disait en 1784 : « *Médiocre et rampant, et l'on*

arrive à tout. » C'est encore vrai à-présent. Vous pensez que M. le Préfet va choisir pour Maire dans le sein du conseil municipal l'homme qui a le plus de bon sens, de lumières, de caractère, afin d'empêcher l'arbitraire, faire respecter l'autorité, vous vous trompez, il prendra souvent le plus inepte, le plus servile. La raison, la voici. L'un saurait conserver sa dignité, s'opposer parfois aux prétentions injustes de ce magistrat, tandis que l'autre dit : M.^r le Préfet ! M.^r le Sous-Préfet ! plus long que le bras, n'a d'opinion, ne parle, ne tousse, ne crache qu'avec l'assentiment de ces MM. Qu'arrive-t-il ? c'est que ce maire, qui n'a aucune volonté, appartient à tout le monde, fait de l'arbitraire à tort et à travers, l'un tire *à hurhaut*, l'autre *à dia*, on braille, on crie, on se dispute, on va se réconcilier au cabaret, on recommence le même train huit jours après, et les affaires de la commune attendent vainement les soins nécessaires, une bonne direction. Cette autorité fait des *brioches*, il faut les ratifier ; elle est méprisée, plus personne ne veut lui obéir ; l'anarchie pénètre partout avec le désordre moral, et tous deux finissent par laisser leurs tristes fruits dans la famille. La capacité seule doit gouverner le monde.—Les choses iront toujours mal jusqu'à ce que nous imitions *les Chinois*. En effet, le culte de la famille, sacré en Chine, y est non seulement le culte du bonheur, mais c'est un des liens les plus forts de la société, et lorsque la France s'agite en tous sens pour déterminer le droit électoral, la Chine qui ne connaît pas les banquets des réformistes, est, à cet égard, au suprême degré de perfection : les mandarins, qui gouvernent l'état, sont nommés d'après leur intelligence. Pour arriver à tous les honneurs, on ne paie qu'un impôt personnel : *le mérite.*

L'esprit d'examen (que permettent aujourd'hui la liberté de conscience et nos mœurs constitutionnelles) contrôle tout. Après l'autorité civile, on juge l'autorité ecclésiastique. Jadis, on respectait toutes les puissances, fussent-elles en défaut ; mais de nos jours on paraît s'acharner à ne plus respecter que l'homme qui remplit exactement ses devoirs. Le campagnard ne ménage pas plus son curé que tout autre, s'il trouve ses actions en contradiction avec ses paroles. Souvent même son ignorance lui fait voir les choses de travers et le porte à se servir de termes inconvenants. Le prêtre blâme-t-il que l'on travaille le dimanche, il répond : le curé fait son métier et moi le mien ; et d'ailleurs, si je n'ai pas de pain, viendrat-il m'en donner !—Ensuite, ces MM. font-ils quelque chose pour rien ? Qu'un riche meure, eût-il volé la moitié de sa fortune, on lui dit un service magnifique ; mais, si c'est un malheureux, fut-il le plus honnête-homme de l'endroit, on le met dans la terre comme un chien, sans lui dire la plus petite messe. Que l'on vienne dire après cela que nous sommes tous frères ? Nous le savons, le prêtre doit vivre de l'autel, le riche payer pour le pauvre, mais au moins que nous ne soyons plus témoins d'un pareil scandale, d'une telle insulte à la religion qui est toujours au-dessus de la cupidité des hommes.—Je connais un village où, depuis trois ans, le desservant est l'objet d'observations continuelles. En voici quelques-unes : « M.^r le curé nous prêche le pardon des injures, *dis-moi qui tu hantes, et je te dirai qui tu es,* et cependant tout le monde connaît sa haine implacable contre

MM. tels (qui ne lui ont jamais fait que du bien ainsi qu'à son église, n'ont eu d'autre tort que de lui prouver sa dureté de cœur, blesser son inflexible orgueil), ses relations intimes avec des individus sans principes, qui servent d'instrument à cette haine, ne remplissent aucun des devoirs que la religion impose, et contre lesquels il prêchait naguères. Pourquoi dire blanc et puis faire noir? Alors la confiance n'existe plus et cette union avec le vice met dans l'impossibilité de combattre le mal. On ne peut croire combien tous ces rapports, presque toujours accompagnés de grossières plaisanteries, nuisent à l'autorité religieuse. Quoiqu'ils soient continuellement la pâture de l'esprit public, et que je ne veuille que le respect du prêtre, je suis convaincu qu'on me saura très mauvais gré de les avoir publiés. Il est vrai que MM. les curés sont comme les rois ; on ne leur dit jamais que ce qui leur plaît. Je ne parle pas des récits des bigots et bigottes, auxquels une calomnie coûte peu, des amis que l'on se fait avec le vin, la bière, la tasse de café, ceux-là n'inspirent que du mépris aux prêtres éclairés.

— Parlons de l'amour et de l'amitié du jour.

— D'accord avec la religion, la morale, qui défendent toute union intime entre les sexes, sans être préalablement mariés, je me bornerai à constater les faits et à en tirer les conséquences. — Si cela continue, la civilisation finira par ne plus faire que deux monstres de ces anciennes divinités : l'argent gâte tout. Qu'est le mariage autre chose à présent que l'union d'un sac d'écus avec un autre sac d'écus ? Quelques mille francs à la ville, une

maisonnette, un coin de terre au village , suffisent
pour mettre l'ami de cœur de côté et se jeter dans
les bras d'une personne pour laquelle on a souvent
de la répugnance. Aussi, peu d'ans après , on
est fort mécontent de *son marché,* et il arrive parfois que les époux se battent dans l'année ou que
la jeune mariée retourne éplorée chez sa mère.

Le véritable amour est de sa nature très désinté-
ressé. Point de foi, par conséquent manque de
confiance , point d'amour. Où est maintenant *cette
bonne foi* qui émane de la naïveté, l'ingénuité, la
simplicité , la candeur , la bonhomie , la droiture ,
la franchise , la sincérité , la véracité , la probité ,
serait-elle retirée dans son puits comme la vérité?
Ce qui domine partout , c'est la malice. Je connais
des jeunes filles de douze ans qui me répugnent
par leurs ruses, leur fausseté, et dont je pourrais recevoir plus d'une leçon. J'ai connu des femmes mûres
qui étaient de véritables boîtes à malices. —Le défaut
d'alimentation , d'exercice , la fréquentation anti-
cipée des cabarets, la coquetterie , *cette manie de
vouloir s'amuser avec tout le monde,* l'intérêt , font
que l'amour n'est souvent qu'un feu-follet. Autrefois ,
la constance, la pureté , durant des années entières ,
en faisaient un foyer qui ne s'éteignait qu'avec la vie.
Les vieux ménages sont là pour le prouver. Maintenant, mariées de trois ans , la plupart des jeunes
filles semblent avoir perdu cette fleur inappréciable de
jeunesse , sont malpropres, abattues, négligent leurs
enfants et ont à peine le courage de tenir leurs jupes
en bon état. Pourquoi cela ? Parce que l'amour
est envolé. —J'aime beaucoup l'enfance , la jeunesse. —Vu mon âge , ma discrétion , mon expé-

rience , je suis assez fréquemment le confident des jeunes gens des deux sexes. Réellement, leurs crain-tes , leur défiance , concernant leur fidélité respec-tive , un espoir fondé, me serrent le cœur. Point d'ex-pansion chez ce dernier sans confiance. Quel conseil donner devant une déloyauté flagrante ? Je le dis avec regret , à la campagne , l'amour est trop communé-ment coquet ou débauché. Les réunions publiques et les registres de l'état civil sont là pour démontrer la vérité de cette assertion. Je ne cesse de considérer comme un lâche celui qui se vante, sans motif, d'avoir obtenu les faveurs de sa maîtresse ; comme doublement, triplement lâche , le jeune homme qui ôte la réputa-tion d'une jeune fille dont il n'a reçu que des refus. Quant à la demoiselle , dépourvue de toute pudeur, qui se prévaut , sans aucune raison , de ses rapports avec un amant , je n'ai pas de mot pour la qualifier. Toute femme qui voit deux hommes , doit être mise dans la catégorie des filles. L'amour constant, pur , paraît être au village (où il a régné long-temps en sou-verain) l'objet du ridicule , et cesser d'y être de mode comme la tendre romance. Et cependant , ô pleines de douceur, et comme parfumées sont les femmes pures ! Les fleurs , les lis brûlants de la rosée de mai sur l'herbette , et le chant des oiseaux , sont des joies pâles à côté de la joie du cœur que donnent les fem-mes pures. Où une belle femme jette son regard, la tris-tesse s'éteint , tant sa bouche vermeille rit doucement d'amour ; tant les rayons de ses yeux caressants vont profond dans l'âme de l'homme !....Dieu a exalté et honoré les femmes pures.—Voyons l'amitié. Il n'y en aura bientôt plus que d'une seule espèce, celle basée , émanant de l'intérêt personnel et qui change avec les fluctuations de ce même intérêt. Rien de plus plaisant que les grands mots, les protestations qu'une infinité d'hommes s'échangent, et auxquels on ne pense plus deux jours après. Le mal n'est pas grand, parce qu'aucun n'y croit. De plus, que fait à l'argent un beau caractère, une belle âme, un bon cœur, de l'esprit? Soyez un faussaire, laid comme un diable, bête comme une oie, vous trouverez des prôneurs, des amis, si vous êtes riche, avez quelque influence, et donnez des dîners. *C'est par les dîners que l'on gouverne les hommes.* Mais aussi, gare à vous si vous tombez dans l'infortune; car tous vos flatteurs viendront vous donner le coup de pied de l'âne et vous pourrez dire comme Piron :

Vous avez cent amis, et faites fond sur eux !

Soyez un instant malheureux,

Et vous m'en direz des nouvelles.

Voyez la contradiction qui existe parmi les hommes ! je connais des individus que chacun méprise, qui n'ont point un seul ami de cœur, et cependant, aux jours solennels, en travaillant les mauvais instincts, ils savent réunir, faire agir à leur volonté, un certain nombre de personnes recommandables, avec une adresse inconnue au meilleur *chien de berger;* et jamais ils n'acquièrent la preuve qu'ils sont détestés, parce que qui que ce soit n'a le courage de le leur dire. — Lorsque je voudrai perdre ma propre estime, j'ai toujours en réserve un moyen pour me faire adorer, c'est de lancer un certain nombre de bouteilles de vin dans les gosiers avides de mes plus chauds ennemis et de flatter l'intérêt, l'ambition, les prétentions de chacun. Il y a des gens qui veulent être l'ami de tout le monde, c'est-à-dire de personne. « Le plus mauvais caractère, a dit LA BRUYÈRE, est celui de n'en avoir aucun. » Il faut savoir aimer ce qui est bien, et haïr ce qui est mal, même chez un peuple. J.-B. SAY dit également : « Lorsqu'un peuple ne sait « pas tout simplement honorer ce qui est honorable, « et mépriser ce qui est méprisable, on le gouverne « à coups de pied au… » Celui qui ne hait pas l'ennemi de son ami, n'est point véritablement son ami. Avec la fortune, la vanité, l'ambition augmentent et l'amitié diminue. Vous donnez congé à un ami que vous ne trouvez plus digne, il vous méprise, et devient plus dangereux que votre ennemi, parce qu'il connaît vos secrets, vos faiblesses. L'intérêt divise les frères chaque jour et altère les sentiments les plus sacrés de la nature. Si cela continue, la famille sera bientôt dépourvue de cette union qui forme la base de toute société. En définitive, point de qualités solides, de bon cœur, de vertus, de délicatesse dans l'âme, point d'amis solides.

—Après avoir parlé des relations d'individu à individu, voyons les rapports généraux avec la société et disons encore quelques mots de nos gouvernants corrupteurs. — O la bonne politique ! qui flatte ou ménage les fripons et n'a que de la haine et de la colère pour les honnêtes gens ! belle mission en vérité que de trahir tous les intérêts, de corrompre toutes les institutions, violer toutes les lois, pour jouer et abuser tout le monde. On détruit la corruption, on ne la contient point. Comme tous les enseignements viennent d'en-haut, nous voyons chaque jour nos mœurs tourner à l'hypocrisie et le caractère national s'altérer. Les français finiront par être le peuple le plus plaisamment sérieux de la terre, après en avoir été le plus gai. Où l'on espère rencontrer la gaîté, on ne trouve que tristesse et nausées. . . . . . Car la déception est maintenant la loi fatale à laquelle nous nous sommes tous soumis. Nous sommes cependant toujours vaniteux, mobiles et légers. La question la plus importante ne nous préoccupe pas un mois de suite. Avec les grands mots *Liberté Egalité*, qui n'en imposent plus qu'aux simples, attendu que chacun n'en veut l'usage que pour soi, que la chose n'existe pas en général, ainsi que je le prouve dans le courant de cet écrit, vous voyez à tout moment le premier personnage venu élever des prétentions ridicules, afficher une position sociale, des moyens intellectuels qu'il n'a pas ; faire tous ses efforts pour s'emparer des droits de son concurrent ; vouloir être une part du gouvernement, occuper quand même la meilleure place ; prétendre au respect de ses opinions, mais trouver très mauvaises celles des autres ; ne tenir aucun compte du mérite, de la probité ; passer pour instruit plutôt que de s'instruire ; avoir l'apparence de l'honnête-homme plutôt que de l'être, etc, etc. En outre, la démangeaison de parler, de pérorer, est encore une maladie morale de ce temps-ci ; et, comme dit M.ʳ Alp. Karr, — « Chacun veut parler et parler tout haut, « mais ce qu'il devient plus difficile de trouver, « de jour en jour, c'est un auditoire ; les personnes « qui ont l'air d'un auditoire, sont celles qui at- « tendent leur tour pour parler, qui n'écoutent pas « ceux qui les précèdent, et qui s'occupent à re- « passer dans leur mémoire l'improvisation qu'ils

« vont débiter tout-à-l'heure.»— Il est bien fâcheux de constater une pareille division, parce que l'association vivifie et l'isolement tue. Nous devons tous nous unir pour marcher ensemble vers le but commun : l'établissement d'une sage liberté *profitant à tous*, l'amélioration physique et morale de l'homme, l'abolition des privilèges injustes, le développement des germes d'intelligence et de vertu que le Créateur a déposé dans toutes les âmes.

Comme nous voulons donner notre opinion sur toutes les questions importantes du domaine public; jetons maintenant un coup-d'œil sur la nouvelle aristocratie de l'argent (qui a une si grande part du pouvoir), issue de la révolution de juillet faite contre tous les privilèges, chez laquelle chacun se plaît à nier les entrailles, à reconnaître les sottes prétentions, la mauvaise foi, l'absence de sentiment patriotique, le despotisme envers le gouvernement dont toutes les actions doivent être basées sur les lois, la justice, la raison, l'intérêt général. Ici encore, je dirai franchement la vérité. Je puis d'autant plus traiter ce sujet que je n'ai cessé depuis trente ans d'être en relations avec *les hommes d'argent*. Vu les nombreux rapports qui existent aujourd'hui entre la ville et la campagne, et qui nous portent à en adopter les mœurs, mes observations seront pour la ville et pour le village. Tout tend à se niveler, à imiter l'uniformité de l'habillement. J'ai été également souvent à même d'apprécier l'aristocratie nobiliaire et d'établir des points de comparaison que je vais soumettre au jugement de tous. Il est vrai que, pour être plus exact, j'ai dû faire un retour en arrière, attendu que la noblesse du jour suce aussi le poison de l'é-

goïsme, devient parcimonieuse, a bon nombre d'idées étroites, et se laisse pénétrer par le sans-façon presque grossier de l'époque. Laissons d'abord parler M. Toussenel, Écrivain distingué du journal très remarquable : *La Démocratie pacifique*. Je ne transcris que ses pensées saillantes, quelquefois exagérées, mais ayant généralement le cachet de la vérité. J'y trouve encore bien des vides à remplir. « La féoda-
« lité industrielle, ou financière ou commerciale ne
« repose ni sur l'honneur ni sur les honneurs, comme
« la république et la monarchie de Montesquieu.
« Elle a pour base le monopole commercial, oppres-
« seur et anarchique. Son caractère, c'est la cupi-
« dité, la cupidité insatiable, mère de l'astuce, de
« la mauvaise foi et des coalitions. Si le despotisme
« anarchique n'abat que les superbes et respecte les
« humbles, il n'en est pas ainsi du despotisme du
« coffre-fort. Celui-ci envahit la chaumière du pau-
« vre comme le palais des princes : tout aliment
« convient à sa voracité.—Le ton, sous le régime de
« la féodalité d'argent, c'est l'égoïsme qui cherche
« vainement à se dissimuler sous le masque d'une
« philantropie hypocrite : sa devise est *chacun pour*
« *soi.*—Les mots de *Patrie*, de *Religion*, de *Foi*
« n'ont pas de sens pour ces hommes qui ont un
« écu à la place du cœur.—La devise de l'aristocratie
« nobiliaire est celle-ci : *Noblesse obligée*. Elle payait
« l'impôt du sang, accordait protection à l'opprimé,
« au faible ; avait la déférence voulue pour la femme,
« le respect exigé pour la religion, ses ministres, etc.
« —Le haut baron de la finance n'acquitte pas l'im-
« pôt du sang ; il paye le malheureux pour défendre
« le sol de la patrie en sa place ; il n'a pas de patrie,

« d'ailleurs. Il conserve en porte-feuille, le meilleur
« de *son avoir*, et il ne souffre pas que le fisc tou-
« che à cette arche Sacro-Sainte pour le faire con-
« tribuer aux charges de l'État *proportionnellement*
« *à sa fortune*, comme le veut la charte.—L'aris-
« tocratie des écus abandonne aux poètes, aux niais,
« l'armée, la magistrature et l'église, vrais métiers
« de dupes où l'on est forcé de *mettre du sien*. Le
« mot de poète ou d'artiste est même à ses yeux
« l'injure la plus sanglante qu'on puisse jeter à un
« homme ; sa philantropie n'existe qu'en paroles. Les
« financiers ont aussi une religion à eux ; je ne la
« connais pas.—La féodalité industrielle, plus lourde,
« plus insatiable que la féodalité nobiliaire, saigne
« une nation à blanc, la crétinise et l'abâtardit, la
« tue du même coup au physique et au moral. »

Le Noble, dans l'ancienne monarchie, était grand,
surtout parce qu'il continuait la grandeur de ses
ancêtres, parce qu'il exerçait la fonction réputée
supérieure, celle des armes. Nous respectons l'éclat
des noms héréditaires ; cette grandeur des souvenirs ; nous savons ce que le culte de la tradition
familiale a de noble et de sacré. Aujourd'hui,
avec nos idées pacifiques, il y a cent manière
de servir utilement son pays, et la plume peut rendre d'aussi grands services que l'épée. On le sait,
pendant les siècles d'ignorance, nos seigneurs
campagnards, qui se faisaient une gloire de ne point
savoir écrire, furent de grossiers personnages, toujours en guerre l'un contre l'autre, despotes envers leur famille, leurs serfs, leurs vasseaux, et,
à l'instar des rustauds de nos jours, battant plus
souvent leur femme que de protéger le faible, l'op-

primé. L'éducation seule adoucit les mœurs. Intré-
pides chasseurs, ils traitaient nos malheureux as-
cendants comme des bêtes, s'ils osaient se permettre
de tuer un des lapins qui dévoraient les fruits de
leurs sueurs. Je ne parlerai pas d'une infinité d'actes
du même genre, qui laissèrent dans les cœurs de
profonds griefs. Aussi, lorsque la révolution de 89
arriva, tous les opprimés battirent des mains et
chacun voulut enlever une pierre de ces châteaux
qui renfermaient tant de petits tyrans. Il n'est qu'une
seule puissance qui veille, protège ici-bas le faible,
c'est la Providence. Si l'aristocratie d'argent n'or-
ganise pas le travail, ne soulage point sensiblement
les misères du peuple, nous aurons encore une
révolution qui déplacera les fortunes, l'ordre social. Sa dureté, son indifférence pour ses maux,
sont impardonnables. Cette bourgeoisie, maintenant
si fière, après avoir fait une révolution sanglante au
nom du peuple et par le peuple, parvenue au pouvoir, est sans ardeur, oublie et délaisse ingraté-
ment ceux qui l'ont aidé à monter. Son règne, vu
la situation des choses, sera beaucoup plus court
que celui de la noblesse. Dieu a beau donner des
leçons, personne n'en profite. L'homme heureux
ne croit jamais qu'il puisse être un jour malheureux.
—L'impartiale histoire nous révèle l'immoralité qui
souilla pendant des siècles une grande partie de cette
noblesse si hautaine, et de ce clergé si despote, pour
lequel les anciennes traditions, la fraternité évangélique, n'étaient plus que des mots. L'union de ces
deux aristocraties avaient surtout pour but l'oppres-
sion du peuple.—Nous voyons de temps en temps
tenter le même essai avec les hommes d'argent, mais

sans aucun résultat, parce que chaque paysan a maintenant conscience de sa dignité et enverrait promener son curé ou *son Seigneur* (j'appelle ainsi un riche propriétaire dominant), s'il se permettait à son égard, la moindre injustice ou le plus petit acte oppressif. S'il y a dépendance, il fera beau semblant, mais conservera le souvenir de l'action. Qu'est-ce qu'un seigneur sans privilèges ni vassaux? Quoiqu'avec d'anciennes prétentions, le clergé est certainement aujourd'hui bien plus vertueux, plus instruit qu'autrefois. Personne n'honore, n'estime plus que moi le bon prêtre, le véritable chrétien (non seulement en paroles et aussi en actions, attendu que *la foi est morte sans les œuvres*); mais je ne puis voir sans dégoût tous ces hypocrites, ces petits Talleyrands, très méchants dans leurs procédés, indifférents aux misères humaines, ne se servant de la religion que pour cacher leurs turpitudes et voulant passer pour hommes religieux. Rien de plus plaisant encore que ces amateurs quand ils veulent prendre de grands airs. On en rencontre parfois qui se donnent les façons ridicules des roués de la régence, moins le bon ton et les belles manières. La plupart, d'une basse origine, recherchent les titres de noblesse. S'ils ne peuvent en obtenir, ils s'en donnent eux-mêmes. Ceux qui se font nobles, préfèrent, bien entendu, le titre saillant de *Duc, Comte, Baron*, etc, mais communément ils ont recours à la particule *de*. Pour les nobles par le cœur, par le sentiment, par l'esprit, par le génie, par l'âme, par les actions, c'est autre chose. Il y a bien encore de ces nobles; mais si peu! si peu! Et puis ceux-ci n'ont pas tous des titres et des particules avant leur honorable nom de famille,

de grandes fortunes à fonder ou à conserver, une *position sociale* à consolider, à défendre.........
Ceux-ci titrés ou non titrés ne transigent pas avec l'honneur, avec leur conscience, ne tournent pas à tous vents; ne vont pas du septentrion au midi d'un seul bon; au risque de se casser le cou. En un mot, ceux-ci sont rares, qui sont nobles comme on doit être noble; ceux-là sont communs, qui veulent être nobles comme on ne doit pas l'être.

Ce qui distinguait au suprême degré l'ancienne noblesse, malgré son mépris pour les vilains, c'étaient l'esprit de société, l'urbanité exquise, le bon ton, des notions générales sur la science de la vie, enfin ce qu'on appelle une bonne éducation. De même qu'à-présent, la Cour servait de modèle à la ville, le bourgeois imitait le gentilhomme, et la politesse pénétrait partout. Cette politesse se montrait naturelle, gracieuse, tandis que celle d'à-présent est guindée, grimacie, parce qu'on la reçoit à un âge où le corps ne peut plus se plier et que nos manières trahissent notre point de départ. On se rappelle que ce fut chez les Hellènes, surtout à Athènes, que la politesse, cette fille de la civilisation, du bon goût, apparut pour la première fois. De-là, elle passa chez les Romains. Vers l'époque des Croisades, elle pénétra dans notre Europe. Alors la politesse avait passé avec les sciences, d'une religion à une autre. Formés à l'école des vaincus, les sectateurs de Mahomet y avaient puisé cette courtoisie exaltée, ces formes séduisantes qui répandent tant de charmes sur l'histoire des premiers califes. L'imitation fut prompte et les succès rapides parmi les croisés. Ces semences, rapportées dans notre Europe, y furent fécondées plus tard par les invasions des arabes et des maures. C'est grâce aux événements de ces temps-là, grâce à ces enseignements d'un peuple à l'autre, que nos mœurs un peu rudes ont acquis de l'aménité; c'est-à-dire que la politesse a fait le tour du monde à la suite des arts et du respect pour les femmes. C'est chez nous que toutes les noblesses de l'Europe venaient faire l'apprentissage du bon goût et des belles manières. C'est nous qui étions les arbitres suprêmes en fait de bon goût. On peut le dire, l'ancienne politesse n'est plus guères chez nous qu'un souvenir ! Ce que la chevalerie, Louis XIV, les arts, et deux siècles d'une admirable littérature nous avaient donné; les troubles, les transformations de la révolution, les habitudes militaires de l'empire, la présence, le mélange des étrangers sous la restauration, nos parvenus de Juillet, nous l'ont enlevé en très grande partie. C'est même l'opinion des étrangers bien élevés que la politesse est encore sensiblement diminuée chez nous depuis quarante ans, époque où l'ancienne noblesse cherchait à la faire revivre. Je le répète, un sans-façon presque grossier a remplacé le bon goût et l'art des prévenances. Une chose qui a beaucoup contribué à cette altération de nos mœurs, c'est que les femmes, ces reines du foyer domestique, ont perdu volontairement une partie de leur influence. Si j'osais donner un conseil au sexe, qui, pour notre avantage, nous en donne si souvent de très heureux, je lui dirais que, dans cette occurrence, il n'a point montré son habilleté connue; la politique, les intérêts matériels l'ennuient, et le cigare, la pipe lui dé-

plaisent ; était-ce une raison pour tout abandon-
ner ? Il fallait lutter et entrer en campagne ; il fallait
chasser bravement l'ennemi ou capituler avec lui.
Les femmes n'ont su adopter ni l'une ni l'autre
tactique ; elles ont partout donné leur démission.
L'esprit de l'ancienne société était bienveillant , par-
lait à chacun , à chaque sexe de son état, de ce
qui pouvait l'intéresser ; l'esprit du jour vous offus-
que continuellement par son *moi* ; chacun prétend
poser, étaler sa suffisance, vouloir que l'on s'inté-
resse à ce qui le regarde ; on est défiant, tracas-
sier, d'une politesse froide ou indifférente, et on
semble se plaire à rabaisser tous les autres. On ne
rencontre plus les belles relations d'autrefois que
dans les réunions intimes de personnes bien élevées.

Les seigneurs avaient jadis de nombreux domestiques auxquels ils faisaient des pensions au bout
de quelques années de bonne conduite (ceux-ci
étaient très dévoués à leurs maîtres), nourris-
saient leurs esclaves quand ils avaient des esclaves ;
les aristocrates d'argent mettent à la porte un vieux
serviteur, sans le moindre dédommagement', après
vingt ans de loyaux services, qui, trop souvent voit
ses économies englouties dans une banqueroute,
puis exploitent les malheureux ouvriers et les ren-
voient sans pitié mourir de faim dès qu'ils n'y trou-
vent plus profit ou que le travail manque. Les
maîtres disent que les domestiques, les ouvriers
sont des débauchés, des ivrognes, des voleurs, et
ceux-ci que les maîtres sont des avares, des ingrats
qui profitent de leurs sueurs, et sont toujours dis-
posés à pervertir leurs filles, leurs sœurs. De-là
guerre incessante entre les uns et les autres, et pas

le plus petit attachement. Il y a des maîtresses de maisons auxquelles il faut une servante chaque mois.

La société est livrée au désordre de la concurrence sans règle et sans frein. Là des milliers de victimes succombent chaque jour ; des ouvriers remplacés par des machines, congédiés ou réduits à s'exténuer de travail pour un salaire insuffisant ; des chefs d'industrie ruinés par la banqueroute ou écrasés par des rivaux plus puissants et plus heureux ; partout détresse ou position précaire toujours assise sur le bord de l'abîme. Si le travail du pauvre suffit à peine à ses besoins, il faut convenir qu'il sert souvent à procurer de belles fortunes à ceux qui l'emploient. Que font au premier les grands mots de *Liberté*, d'*Egalité*, lorsqu'il a constamment au-dessus de sa tête le plus cruel des tyrans : *La faim*. Organisez le travail, et alors ces mots auront un sens pour lui. Ignore-t-on que la misère est un cancer qui ronge notre société ; Or, un cancer ne se guérit point par les belles paroles menteuses de nos prétendus philantropes, il faut l'extirper. Et puis, la misère n'est-elle pas la source de presque tous les crimes ? — Beaucoup de nos bourgeois semblent regarder l'homme en blouse comme le planteur regarde le nègre. Il est vrai qu'il ne peut pas le forcer de travailler si l'ouvrier s'y refuse ; mais le moyen coërcitif, pour être moral, n'est pas moins sûr. Le propriétaire sait que l'ouvrier est forcé de travailler pour vivre et il règle son plan là-dessus ; il suit religieusement les lois civiles, sans reconnaître celles de l'humanité et de la morale. Il paie consciencieusement le salaire qu'il a promis, sans se demander le moins du monde si ce salaire suffit pour sauver le malheureux et sa famille d'une mort certaine ou pour l'empêcher de commettre un crime. Je ne puis cesser de le dire, on ne pourra remédier à ce triste état de choses qu'*en organisant le travail et en associant le capital avec le travail et le talent.* Maintenant, qui vient franchement en aide à notre agriculture si pauvre, si souffrante, dépassée par celle des autres états européens, et décorée pompeusement du titre de *première mamelle de l'Etat* ? Qui s'occupe de garantir du pain aux invalides de l'industrie et de donner de l'éducation à l'enfant du pauvre ? Qui pourra faire disparaître l'anarchie qui existe aujourd'hui partout ? Quand les masses populaires élèvent vers les riches leurs bras épuisés, leurs plaintes douloureuses, où sont les plans pour détruire le paupérisme et assurer à tous les hommes, nos frères, le bien-être et la liberté ? Comment entendez-vous, heureux du monde, que se réalise la loi d'amour, la fraternité universelle ? Je voudrais que l'on répondît à toutes ces questions autrement que par de vaines paroles. Notre nouvelle aristocratie, avec ses idées mesquines, sa cupidité, son égoïsme, son peu d'ardeur, nous a prouvé de reste qu'elle est incapable de fournir des remèdes efficaces à tant de maux. Nos grands seigneurs pourraient agir avec plus d'énergie, de générosité, obtenir des résultats satisfaisants ; mais ces MM. restent dans une inaction complète, et, parce qu'ils boudent au gouvernement, ils abandonnent leur pays à toutes ses misères. Cependant, un grand nom, une grande fortune, imposent de grandes obligations envers la société. D'ailleurs,

Travailler, c'est savoir jouir,
L'oisiveté pèse et tourmente ;
L'âme est un feu qu'il faut nourrir
Et qui s'éteint s'il ne s'augmente.

Laissons à Dieu le soin de faire crouler un trône, de chasser une famille qui manque à ses devoirs, quand il le juge convenable, et reconnaissons que la patrie, de même qu'une bonne mère, ne peut jamais avoir tort envers ses enfants. Certes, si la dynastie d'Orléans est toujours féconde en braves tels que le prince de Joinville, vous pourriez bien attendre long-temps pour reprendre vos places. Un patriote comme lui rallie bien des cœurs. Ensuite, laissez donc à cette bourgeoisie goûter du pouvoir qu'elle tient à peine depuis quatorze ans, vous qui l'avez eu pendant des siècles, et sachez que chacun connaît aujourd'hui ses droits et dit avec M. l'Abbé de La Mennais : « *Dieu n'a fait ni petits ni grands,* « *ni maîtres ni esclaves, ni rois ni sujets : il a* « *fait tous les hommes égaux.* » Vous pouvez, d'ailleurs, faire encore beaucoup de bien en dehors de toute influence du gouvernement. Qu'appelez-vous vertu, si ce n'est la somme de bienfaits que l'homme laisse en mourant ? Ne dédaignez aucun bon exemple et veuillez juger par moi. Je suis *un vilain,* mais je m'honore d'avoir des sentiments nobles et toute ma vie est là pour le prouver, je m'étais uni à des autorités (qui, par parenthèse, ne donneraient pas vingt sols de leur argent pour la chose publique), afin de payer ma dette de citoyen, et, voyant qu'elles s'opposaient à ce que je continuasse d'instruire les pauvres, de donner du pain à ceux qui en manquaient, de revêtir ceux qui étaient nus, de donner du vin aux malades couchés sur une mauvaise botte de paille, je les ai plantées - là, ai proclamé mon indépendance, fait connaître publiquement leur indigne conduite, et, sans cesser d'être utile aux malheureux, autant que je le puis, je continue à défendre le faible, à déchirer le masque des hypocrites, des charlatans, des intrigants, des fripons, ainsi qu'on vient de le voir, et à signaler le bien partout où il se trouve. Quant aux honnêtes gens, dans toutes les classes, dans toutes les positions, qui sont encore, grâce à Dieu, très nombreux, ils sont tous mes amis, et c'est chez-eux que je prends mes inspirations, mon courage. — Revenons à nos misères physiques. Personne n'ignore qu'en donnant le pain du corps, nous recevons la nourriture de l'âme. Si chacun donnait son superflu, il n'y aurait plus de malheureux sur la terre. C'est à peine si, avec les ressources de nos établissements publics de bienfaisance, l'on peut soulager un quart de nos misères. Voyez quelles souffrances à alléger ! Nous avons ensuite la charité privée, mais qui diminue au fur et à mesure que l'égoïsme s'étend. Que de mauvais riches l'on pourrait compter aujourd'hui ! Qu'ils prennent garde qu'après avoir été sans pitié envers les Lazares qu'ils ont trouvés sur la terre, Abraham leur réponde un jour en enfer, comme à leur prédécesseur de l'Evangile : « *Mon* « *fils, souvenez-vous que vous avez reçu les biens* « *dans votre vie, et Lazare les maux : or, main-* « *tenant, celui-ci est consolé, et vous tourmenté.*» Il faudrait, pour réchauffer les cœurs, un Père BRIDAINE par chaque département, pour lancer de temps en temps du haut de la chaire ces paroles remarquables. . . . .

 « C'était un Enfant qui mourait de misère
« près de son Père à l'agonie ; c'était une Mère
« si malheureuse, qu'elle allait douter de la pro-
« vidence de Dieu. Et, par un vain respect du
« monde, il m'aurait fallu, moi, Prêtre de Jésus-
« Christ, il m'aurait fallu me détourner de tant
« de souffrances, et ne pas donner à manger à
« ceux qui avaient faim ! ne pas consoler les affli-
« gés ! Et il aurait fallu tout cela pour ménager
« votre impatience et votre orgueil ! A genoux tous
« et demandez pardon à Dieu ; ou plutôt, riches
« coupables, riches que Dieu, dans sa colère, à
« l'heure du dernier Jugement, renverra, peut-être,
« affamés de la table du Salut ; faites tomber sur
« Lazare les miettes de votre banquet, afin qu'une
« voix s'élève en votre faveur, quand les trompettes
« de l'Ange vengeur jetteront dans l'immensité de
« l'univers ce cri qui réveillera les morts et gla-
« cera les coupables d'épouvante : LE JUGEMENT
« DERNIER ! LE JUGEMENT DERNIER !!! Et qui de vous
« osera lever les yeux sur le Père, et sur le Fils
« qui s'assiera à la droite du Père ? qui vous ré-
« pondra, lorsqu'une voix inexorable demandera :
« Où est le bien que vous avez fait ? Alors les
« plaintes que vous n'avez point appaisées, les
« douleurs que vous n'avez point soulagées, quand
« il ne fallait pour cela que votre superflu, s'éle-
« veront autour de vous et crieront : Anathême !
« Anathême !!! Ces cris vous suivront dans l'enfer
« où gémit le mauvais riche. Ils seront votre sup-
« plice pour jamais. Hâtez-vous donc de sauver vos
« âmes, pendant qu'il en est temps encore ; faites-

« vous des intercesseurs pour le jour de la ven-
« geance et de la colère ; vous n'avez qu'un moyen
« d'appaiser le Juge qui tiendra votre sort entre
« ses mains, c'est la Charité. Eh ! qu'ai-je besoin
« d'ajouter d'autre parole ? Qu'ai-je besoin de vous
« annoncer la loi de Dieu vivant dont vous implo-
« rez la pitié, si vous êtes sans pitié vous-mêmes ?
« Soyez donc charitables, puisque la charité peut
« seule vous sauver...... Mais hâtez-vous, car il
« ne vous reste pas même, peut-être, les qua-
« rante jours que le prophète laissait à Ninive !
« C'est demain, c'est aujourd'hui, c'est à l'ins-
« tant peut-être que l'haleine de la mort va souf-
« fler sur vous. Il n'y a peut-être qu'une seconde
« entre la bonne pensée et la mort, entre le Sa-
« lut et l'Enfer, entre cette vie éphémère et l'Eter-
« nité. Entendez-vous bien, l'Eternité ! »

La vie et la force des nations, c'est la croyance
commune, la foi à une idée.— Je reviens à regret
sur cette pensée, à l'heure qu'il est, la France n'a
plus de croyance commune ; le scepticisme, l'indifférence et l'apathie ont pénétré dans toutes les classes de la société, et surtout dans les classes bour-
geoises qui gouvernent. Nous avons à-présent un
grand nombre de sectes religieuses non avouées
(sans parler de ceux qui ne croient à rien et se mettent à l'égal du chien) ; celle des adorateurs du *veau
d'or* est la plus nombreuse. Enfin, je l'ai dit, chacun a sa morale, sa religion, c'est-à-dire aime ce
qui est favorable à son intérêt, son ambition, et
dédaigne ou méprise tout le reste. Il est entendu
qu'il y a autant de nuances d'opinions en politique.
La même chose existe bien en Angleterre ; mais là

du moins tout le monde est d'accord pour l'amour national. Que faire, douter de toute amélioration, perdre l'espoir de guérir la plupart des maux que je viens de signaler ? Certainement non. Il ne faut jamais douter de la providence de Dieu ; ce doute tue, détruit et la vie de la terre et la vie du ciel. Il faut croire que Dieu nous est aussi bon durant le pélérinage qu'au terme du voyage ; oui, toujours bienveillant, toujours miséricordieux, toujours paternel.

Ma lettre est bien longue.... beaucoup trop longue........ mais le poids que j'avais sur le cœur était si lourd à porter ! .... Maintenant qu'il en est débarrassé, se trouve à son aise, ce même cœur va résumer en quelques mots ses plus chères pensées.

Nous avons tous ici-bas une mission à remplir, mission de travail, d'activité constante et soutenue. Mêlé sans cesse à ce drame aux cent actes divers qui se joue dans la vie publique, l'existence de l'homme presque toute entière doit se consumer au milieu des luttes et des agitations ; commerçant, manufacturier, artiste, écrivain, représentant d'une opinion politique, etc, etc, à lui les efforts, les inquiétudes, les soucis qui excitent et mettent en jeu les passions les plus violentes de l'âme humaine. Néanmoins, il faut le reconnaître, le cœur des hommes ne se transforme jamais que par des influences loyales et honnêtes ; il se raidit aux persécutions, et si les séductions l'abusent quelquefois, ce n'est jamais une solide conversion ; c'est une trève temporaire, l'apaisement passager des hostilités, jamais une paix franche et sûre.—

Je ne pense pas avoir jamais rencontré un homme que je puisse appeler excellent, qui n'eut été soumis à des privations, à des chagrins, à des souffrances : la douleur semble être indispensable au développement de l'intelligence, de l'énergie et de la vertu. L'individu n'est dans les mains de la providence qu'un instrument passif qui fonctionne, sans avoir, le plus souvent, conscience de sa mission, et les existences les plus obscures, les plus végétatives ont, comme les plus brillantes, les plus intellectuelles, leur place et leur tâche dans ses plans mystérieux. Sans ce dogme suprême et divin, rien ne s'explique, rien ne se conçoit ; l'humanité n'est plus qu'un grand polype aveugle qui naît et qui meurt sans avoir vécu.

Pour être belle, notre vie doit être une succession continuelle de sacrifices ; mais sans aucune vue personnelle ; car un sacrifice intéressé n'est jamais un sacrifice. Et puis, qu'est-ce qu'un sacrifice sans souffrance ? Disons avec M.ʳ Charles DIDIER :

« *O joies pures, ineffables joies du sacrifice !*
« *sublime allégresse ! voluptés saintes ! heureux qui*
« *vous a goûtées ! plus heureux qui peut vous goû-*
« *ter encore, vous goûter toujours ! Les natures*
« *privilégiées ont sur la terre leur Golgotha. Les*
« *unes se dévouent à l'idée, les autres à la per-*
« *sonne ; toutes se dévouent à quelqu'un ou à quel-*
« *que chose, et réagissent en vertu d'une mission*
« *providentielle, contre l'égoïsme brutal, contre*
« *les lâches et grossiers instincts qui font la loi*
« *du monde. Cette rédemption continue s'accom-*
« *plit sous diverses formes, sous divers noms,*
« *en vue d'un bien qui peut échapper à nos regards*

« bornés, mais qui tôt ou tard éclate d'une ma-
« nière victorieuse. En attendant cette manifesta-
« tion toujours tardive, nos martyrs subissent
« leur martyre, ceux-ci avec foi, ceux-là avec
« doute, quelques-uns même sans espérance. Ra-
« rement on les plaint, parfois on les raille,
« souvent on les insulte ; mais, d'ordinaire, on
« les oublie, on les ignore ; le grand troupeau des
« hommes passe sous leur calvaire, avec une in-
« différence stupide, sans même lever les yeux.
« Durant leur vie, c'étaient des fous, des factieux,
« pis encore ; après leur mort, on en fait des
« sages, des saints, quand on n'en fait pas des
« dieux. »

Votre frère, votre ami, parce que je veux
votre bien, vous dis la vérité, ne vous flatte
ni ne vous trompe.

BRETON, jeune.

Courrières (Pas-de-Calais), le 31 octobre 1844.

DOUAI.

Imprimerie d'ANDRÉ VINOIS.